精簡的智慧

打破冗長思維的150個啟發

外山滋比古

楓書坊

前言

那是盛行華麗婚禮宴會的年代。致詞很長，大家都感到困擾。

「最後，我還有一件事想要說……」

說這樣的話，絕對不會就此結束。

「順便再說一件事……」

就這樣一直沒完沒了。

正在廚房聽著的廚師們不耐煩地喊道：

「演講和裙子一樣，越短越好。」

這時，主廚威嚴地說：

「兩者都沒有，那就更好了。」

日本有俳句這種世界上最短形式的詩，而且有無數的詩人。然而不知為何，卻不擅長用簡短的語言來表達。總是沒完沒了地說一些不清不楚的話。

曾經有一位以擅長演講而聞名的學長。這位兼任附屬小學校長的學長，每次在各種典禮上的致詞必定控制在三分鐘以內。雖然很快就結束了，但因為他所說的話總是令人印象深刻，因此深受學生好評。

本來以為小學生們聽不懂校長的演講，殊不知他們也對這位校長感到佩服。因為演講轉瞬即逝，根本沒時間感到無聊。孩子們回家後還會談起校長的演講，於是家長們成了他的粉絲，四處宣揚。

新婚妻子在新年期間，給在南極的丈夫發了一封電報。

「親愛的。」

許多人從這封簡短的電報中感受到無法言喻的情感。

正因為簡短，才更令人感動。

關於文章，簡短似乎也是一件好事。尤其在日本，短篇文章的選集被當作經典流傳下來。例如《徒然草》這樣的書，就是零散的小篇幅文章。無法想像《徒然草》如果編成大冊的書會是什麼樣子。

明治以後，受外國影響，崇尚厚重冗長的風潮開始盛行，但其中出色的作品實在寥寥無幾。就小說而言，短篇小說中不乏優秀的作品，但值得一看的長篇小說卻極為稀少。

就隨筆而言，短篇隨筆自有其趣味，但可以說，幾乎沒有長篇隨筆是有趣的。

我自己也寫了很多可以廣義上稱作隨筆的文章。雖然盡量注意寫得簡短，但卻常常變得冗長。我一直希望能寫出更簡潔、更有韻味的隨筆，然而隨著年齡增長，還是沒能如願。如今已無法改變。正當我這樣想的時候，ＰＨＰ研究所的出版部向我提議，從過去的著作中選取一些語錄，編成一本能啟發創造力與思考力的箴言集。

在選取內容時，作者幾乎無能為力，只好拜託對方「請多關照」，於是便有了這本書。

在校對的過程中，我注意到一個有趣的現象。被引用的短文，與原本在文章中時相比，帶有了不同的新涵義。或許是因為被引用後，內容的韻味變得更加濃縮了。

簡潔是智慧的精髓。

有趣的是，這句諺語出自以冗長文化著稱的英國。如果本書中的這些簡短語句能對讀者有所幫助，我將感到十分欣慰。

目錄

1章 idea 鍛鍊創造力的提示

2章 思考的過程

process

3章 提升思考力的方法

think

4章

life

打磨智慧的生活

5章 與思考相連的閱讀

read

6章 chat 豐富創意的「聊天」

7章 創造未來的提示

creation

1 章

鍛鍊創造力的提示

idea

idea

001

尋求化合物

創意的根源，在於個性。

創意所處理的素材可以是眾所周知、陳舊的事物，這並無妨。

正是這些平凡的素材透過意想不到的結合、化合，

產生了新的思維。

創意的妙處就在於此。

創意的趣味，就像化合物的趣味一樣。

它並不是創造元素，而是重新組合元素。

《思考の整理学》

idea

002

發現未知的事物

隨便收集資訊、知識並為此感到高興是幼稚的。
不管多小的事情都無所謂，
找到自己生活中隱藏的未知事物，
並以此為基礎，創造出自己的見解，
這才是智慧。

《大人の思想》

idea

003

保持驚奇的心

要有所發現，心中便不能懷有成見。
也不應該抱著「一定要發現點什麼」這樣的緊張心情。
固執的心態是不行的，心靈需要保持空曠的狀態。
必須保持純真與率直。
不能失去對事物感到驚奇的心。
如果閉上眼睛是無法發現新事物的，即便睜開眼睛，
若目光僅鎖定於一個方向，也不能算是真正看清事物。

《ライフワークの思想》

idea

004

不正面交鋒

直接了當地吶喊：「靈感啊，快出現吧！」之類的話，
實在是太笨拙了。
靈感並不是靠這樣單純的思考就能抓住的，
可能反而還會因此躲起來。
裝作完全忘記它的樣子，靈感就會放鬆警惕，悄悄地現身。
它是一個不容易對付的傢伙。

《アイディアのレッスン》

idea

005

善用無意識

思考似乎需要經歷一次沉入水中的過程。

睡覺醒來時的想法就是如此，或是當我們不經意地忘記一段時間後，那些可能在無意識中醞釀成熟的想法就會突然冒出來。

在意識的水面上看不到的成熟過程，卻在無意識的水面下進行著，當時機成熟時，這些想法就會跳出來。

如果你不斷追著「創意出現吧，創意出現吧」，那只會抓住一些無關緊要的想法。

《知的創造のヒント》

idea

006

任由偶然發生

無論如何，有必要為了追求一些事物而努力。

當精神處於緊張狀態時，跳入視野中的往往不是核心問題，而是周邊的，甚至是意料之外的事實和創意。這就是靈感，偶然的發現。

那種突然浮現於心頭的想法，應該每個人都有過這樣的經驗。

《ちょっとした勉強のコツ》

idea

007

從失敗中獲得意外的發現

人類似乎有些逆反心理。

相較全力以赴去做，有時在輕鬆心態下做的事情反而更順利。

這樣的事情格外有趣。這種有趣就像化學反應一樣。

化學方面的事情常常伴隨著大量失敗。

然而，這些失敗中往往隱藏著新的發現，

而這就與偶然力（Serendipity）相關聯。

其實偶然力是失敗與錯誤的另一個名稱。

《乱読のセレンディピティ》

idea

008

培養不受問題限制的思考

相較於受到限制的思考，無目的地思考才是自由思考。雖然無問題的思考不容易產生，但這種思考一旦出現，往往是獨一無二且原創的。

思考的精髓正是這種自由思考。

由於它與發現和發明緊密相關，因此這是一種更為重要的思考方式，但令人困擾的是，這種思考既難以教導也難以學習。

《エスカレーター人間》

idea

009

選擇適合的場所

撰寫文章時最容易出現靈感的時刻，
即歐陽修曾說過的「三上」：「枕上」、「馬上」和「廁上」。
在這些時刻，精神將獲得最大的自由。
心靈似乎也會變得意外地清澈，
未曾預想的好靈感便會湧現。

《人生を愉しむ知的時間術》

idea
010

養成做筆記的習慣

靈感何時何地出現是無法預測的。
而且，往往不是在思考的時候產生，而是當你在做其他事情時，
靈感會突然閃現，稍縱即逝。
若要抓住這些靈感，你必須時時刻刻做好準備，
不論是坐臥、睡覺或清醒，都要隨時記錄，不能放過它。
這種準備，就是做筆記。

《アイディアのレッスン》

idea

011

不要只在腦中尋找

原創的主題並不僅僅來自於腦中，
而是會在生活的活動中突然冒出來。
只靠坐在書桌前思考是不夠的。
必須時時刻刻保持在腦中，才能最終成為一個真正的主題。

《乱読のセレンディピティ》

idea

012

首先要用自己的眼睛看

當你被告知要發現一個主題時，許多人會先翻找有用的參考書，試圖找到一些有趣的內容，但這樣的順序是錯的。

如果先透過他人的觀點來看事物，然後再用自己的眼睛看，那麼看到的東西肯定不會是正確的。

因此，要先用自己的眼睛看。

《知的創造のヒント》

idea
013

珍視靈感

現代人像高效能的專業機器一樣，
追求在極其狹窄的領域內擁有高度能力，
這使得他們很少體會到那種寬廣的創造樂趣。
只要過著平凡的生活，每天都會發生一些小小的意外發現。
我們往往隨意地認為這些靈感只是不經意的有趣想法，
輕易忽視了它們，
但靈感應該得到更多的重視。

《知的創造のヒント》

idea

014

從編輯視角思考

「知識的編輯能力」換句話說就是，
要在頭腦中調製一杯「雞尾酒」，
自己有多獨創並不是最重要的。
關鍵在於，如何將現有的知識進行組合，
以及以何種順序排列這些知識，
這才是最緊要的事情。

《思考の整理学》

idea
015

經過精神的加工

創造也只有透過精神的編輯才能實現。
自然、事件、情感等如果只是原封不動地表現出來，
並不能稱為藝術創造。
經過心靈的加工和編輯，使經歷或對自然的印象變得更加圓潤，
這才是創造。
那些認為創作與原型相比存在偏差或錯誤的人，
並不了解創作的真諦。

《ものの見方、考え方》

2 章

思考的過程

process

process

016

追求根植於生活的知識

知識活動的根本，不在於依賴記憶獲得的知識。
與生活脫離的知識，
反而可能會降低思考能力。
這樣的認知，
要牢牢記住。

《50代から始める知的生活術》

process

017

思考的基礎是「生活」

長期以來，人們都一直相信思考的基礎是知識，
但由知識產生的思考是少數的，這些思考通常都很微小且無力。
思考應該從活生生的人的頭腦中誕生。
那些成天待在研究室裡讀書的人並不適合思考，
因為他們的生活過於貧乏。

《50代から始める知的生活術》

process

018

不要害怕忘記

忘記並不全是壞事，也有有益的遺忘。
遺忘不僅有壞的一面，也有好的面向。
壞的遺忘代表頭腦功能的退化，
但好的遺忘則能促進頭腦的運作。
一概地害怕或厭惡遺忘是錯誤的。
不承認好的遺忘，甚至可以說是一種偏見。
透過遺忘，我們的大腦既可能變得更好，也可能因此喪失力量。

《知的生活習慣》

process

019

提高知識的生產力

獲得知識後，不要立即使用。
應該花時間等待其變化。
透過有益的遺忘，知識被解構和淨化。
隨著時間的推移，知識會轉變並昇華。
雖然可能不再那麼精確，但卻能獲得生產力。
這樣專業化的知識不會與思考相衝突。
有助於思考的知識，正是經歷了有益的遺忘所形成的。

《知的生活習慣》

process

020

天賦的不滿是原動力

有句話說：「需求是發明之母」。
雖然將「Necessity」簡單地翻譯為「需求」有些疑問，
但「Necessity」其實正是天賦的不滿。
若沒有這樣的原動力，
只是沈浸在溫水中、被日常生活所掩埋，
是無法進行創造性思考的。

《ものの見方、考え方》

process

021

培養有深度的主題

主題可以先擱置一旁，不用急著去想它。
即使你想刻意忘記，但無法忘懷的，才是對你真正重要的事物。
以這些東西為基礎進行思考，就像釀造美酒一樣。
這樣釀出的酒可能不像雞尾酒般可口，
但有別於混合了非酒精飲料的雞尾酒，
不是總有一天會腐敗的那種雞尾酒，
而是隨著歲月流逝，會變得更加醇厚的雞尾酒。

《ライフワークの思想》

process

022

放任一段時間

在國外，有句諺語叫「看著的鍋永遠煮不沸」。
意思是如果心急地想讓鍋快點煮開，不斷打開鍋蓋看，
反而永遠也煮不沸。
過於注意反而會產生不良的結果。
這句話教導我們，有時需要放任一段時間。
思考時也是如此。
過於鑽牛角尖，問題反而會退縮，讓該冒出的點子無法冒出來。

《思考の整理学》

process

023

讓其沉澱

作為整理思考的方法，沒有什麼比「讓其沉澱」更重要的了。
要產生思考，讓它沉澱是必須的。
長期在心中醞釀的事物往往具有一種神奇的力量。
被沉澱的主題在甦醒時，會展現驚人的活力。
任何事情都不應該貿然急促行動。
人類有時即使靠著意志力也無法解決的問題，
時間會自然地、超越意識地將其安放在應有的位置。

《思考の整理学》

process

024

等待思考的深化

即使是那些似乎已經快被遺忘的事情，
如果對自己來說真正有趣，它便不會徹底消失。
如果它是有價值的事物，通常會在某個時期重新浮現。
而且，這不僅僅是記憶的恢復，它會以更加深刻的形式出現。

《50代から始める知的生活術》

process
025

攀登抽象的階梯

所謂的思考整理，
不外乎是將低階的思考攀登到抽象的階梯，
進行更高層次的概念化。
如果將第一層次的思考停留在那個次元上，
那麼它永遠只是單純的靈光一閃而已。
透過整理和提升抽象化的過程，
思考才能達到更高的層次，並且普遍性也會隨之增強。

《思考の整理学》

process

026

將構想經典化

在整理思考時，遺忘是最有效的方法。
如果完全交給自然遺忘，
對於人一生會遇到的問題來說，會花費過多的時間。
要學會擅長遺忘，不斷地遺忘。
如果能以比自然遺忘快上好幾倍的速度遺忘，
那麼原本需要三十年、五十年才能經歷的經典化過程，
就能在五年或十年內完成。
通過強化時間來遺忘，這就是在個人頭腦中打造經典的方式。
如此經過篩選、成為經典的興趣或想法，便不會輕易消失。

《思考の整理学》

process

027

讓風進來

我們經常隨意地說「我想過了」，
但那最初的思考往往仍然包含著一些生澀、不純的成分。
過一段時間，也就是讓風進來之後，再次重新思考，
這就是所謂的「再思考」。
大多數情況下，思考就到這裡為止了，
但如果要進行更仔細的推敲，則需要第三次思考。
這麼深入的思考是例外，四次、五次思考的說法甚至不存在。
如果說讓風進來是洗練化的必備條件，那麼，
顯然應該進行更多的多次思考才合理。

《忘却の整理学》

process

028

用比喻節省思考

「人生是舞台，人類是演員。」（《馬克白》中的台詞）
是詩意的比喻，與陳腐的比喻有所區別。
將遙遠的事物連結起來，讓人發現其中潛在的相似性，
這就是想像力的作用，
而比喻則是想像力最具體的表現。
優秀的比喻可以節省思考，讓我們瞬間掌握全貌。
細節暫且不論，在想了解整體狀況時，
幾乎沒有比這更有效的方法。
比喻應該被重新審視，作為認識與創造的基本工具。

《知的創造のヒント》

process

029

創造「諺語」

如果將每個經驗和思考原封不動地記錄和保存下來，
會過於繁瑣且難以承受，最終將逐漸消失，無法留下任何痕跡。
因此，將它們一般化，盡可能以高普遍性的形式歸納起來。
如此一來，往後便可以套入先前的形式，進一步加深印象。
換句話說，創造出屬於自己獨特的「諺語」，
並通過它們來統一和整合個人的經驗、知識與思考。
當這些自創的「諺語」相互聯繫時，
這個人的思考便會朝著構建體系的方向發展。

《思考の整理学》

process

030

絕妙的搭配

紫蘇的果實單獨食用時可能並不那麼美味，
但當它與紅豆湯一起呈現在小碟上時，
卻散發出難以言喻的風味。
我們常常會將紫蘇的果實與梅乾一起歸類為無趣的東西，
但或許這種做法是錯的。
將紫蘇果實與紅豆湯搭配是一種偉大的創造。
最早想到這個搭配的人，一定是一位詩人。

《知的創造のヒント》

3 章

提升思考力的方法

think

think

031

在早晨思考

思考的最佳時間是在早晨，剛醒來的那段短暫時光。
經過一夜好眠後，神清氣爽，
雖然無法確定頭腦的狀態，但毫無疑問比睡前清晰許多。
因此，我決定早晨所思考的內容是整天中最好的。
過去，我從未試圖在晚上思考，
但如今我認為，整天都在尋找靈感有些不自然。

《知的生活習慣》

think

032

不依賴知識

知識很有力，適當使用時它可以成為「力量」，
但問題在於，當知識增加時，人們往往不再親自思考。
有了知識，就不必自己費力思考，
借助知識可以處理、解決問題。
知識越豐富，思考力越不容易發揮。
極端地說，思考力可能會隨著知識量的增多而呈反比例下降。

《「マイナス」のプラス》

think

033

常常提問與懷疑

無論遇到什麼新事物，都要先問自己：「這是什麼？」

也許還會問：「為什麼會這樣？」

即使是那些已經成為常識的事情也要問：「真的是這樣嗎？」

然而，這些問題仍然屬於具體思考。

如果想要進入更高層次的自由與純粹思考的境界，

光是問「這是什麼？」或「為什麼？」是不夠的，

需要進一步思考未知的領域。

《「マイナス」のプラス》

think

034

保持童心

知識淵博的人很少能得到發現的機會，
而對無知的人來說，
一切都是謎題，迫使他們去解決。
童心是最理想的狀態。
如果能夠在擁有知識的同時，保持接近童心的心態，
創造性的比喻就會不斷湧現。

《知的創造のヒント》

think

035

不畏懼錯誤與失敗

作為創意、發明和發現的基本態度，有一句話：「懷疑常識」。
既存的權威也往往依賴常識，
因此大多數情況下無法避免缺乏創造性。
這麼一想，誤會和失敗之所以有創意，
正是因為它們超越了常識。
如果是這樣的話，我們可以認為，
多錯誤、多失敗的人生更適合創造新事物。

《アイディアのレッスン》

think

036

不說話

如果得到了一個好的想法，千萬不要輕易說出來。
最明智的做法是獨自反覆思考，讓它沉澱，等待它的純化。
一旦說出口，頭腦中的內壓就會降低，
會產生一種如同釋放壓力後的愉悅感。
這樣一來，繼續深思熟慮的意願便會消退，
甚至失去將其寫成文章的動力。
說話本身已經是一種充分的表達活動，而這會讓人滿足於此。
因此，我們應該刻意保持沉默，
從而提高內在的表達壓力，讓它轉化為更有力的創作動力。

《思考の整理学》

think

037

培養靈感

有趣的想法往往有些害羞，不容易輕易展露。
如果隨便向聰明的人徵求意見，
那想法可能會像遇霜的青菜一樣萎縮。
然而，若是熟悉的朋友稱讚它有趣，它就會稍微露出一點頭來。
要培養靈感，需要一股溫暖的風。

《知的創造のヒント》

think

038

遠離利害關係

人類往往習慣從自我為中心來看待和思考事物，
這就是所謂的關心。
對某事有關心，其實就是與其有利害關係，
而這會限制精神的自由。
擁有許多知識意味著被各種利害關係束縛著。
在這樣的頭腦下，要自由奔放地思考是很困難的。

《知的創造のヒント》

think

039

刻意將關心移開

如果事情不順利，就先擱置一旁，
去隨意做些看起來有趣的事。
在這段期間，原本做的事會像路邊的野花般映入眼簾。
換句話說，這是一種容易引發偶然力（Serendipity）的狀況。
當你再次重新嘗試時，事情或許會出奇地順利。

《知的創造のヒント》

think

040

讓心靈出家

想要自由地思考，心靈最好處於出家狀態。
沒有什麼比執著更能妨礙自由思考的了。

《知的創造のヒント》

think

041

交給超隨意的思考

思考時，過於勤勉並不是件好事。
偶爾懶惰一下似乎是必要的。
在那些看似空白的時間裡，未成熟的思考正在醞釀發酵。
再忙碌的人，晚上總是會睡覺，
而這種休息正是創造性思考最重要的溫床。
雖然看似一切都忘記了而進入睡眠，
但實際上，某種不受意志控制的超隨意思考正在進行。

《知的創造のヒント》

think

042

不要錯過寫作的衝動

想讀書的心情時常會湧現，但想寫作的衝動卻是難得的。
寫作似乎是一件相當「不自然」的事情。
一旦有了寫作的念頭，千萬不能錯過。
雖然這不算是靈感，但那種衝動可能再也不會出現。

《知的創造のヒント》

think

043

寫下感想

讀完書之後，不要只是讀過就算了，
應該養成寫下感想的習慣。
這對我們的心靈有著難以估量且很大的豐富作用。
雖然寫作令人覺得麻煩，但提升頭腦最好的方法就是寫作。
無論如何，嘗試動筆寫一寫。

《ちょっとした勉強のコツ》

think 044

不要錯過一次性的思考

當你在思考或感受某些事物時，
隨手記錄在筆記本上，
那就像是這個人的精神生活履歷表，
將成為無比珍貴的東西。
個人偶然想到的東西是一次性的，
一旦消失，就永遠無法回來了。

《知的創造のヒント》

think

045

最大限度地活用手帳

手帳上的筆記可以隨著想到什麼就寫下什麼，
但如果只是寫了之後不管，那就沒什麼趣味了。
稍微放一段時間後，讓想法「通通風」再回頭檢視。
如果這些想法依然覺得有趣，那它們有可能會進一步擴展。
這時最好將它們移到準備好的其他筆記本中。
在這個過程中，最好不要讓原來的筆記雜亂無章地排列，
給它們編上連續的編號，這樣在參照時會更方便。
此外，如果在記下筆記時附上日期，
可能在意想不到的時候派上用場。

《人生を愉しむ知的時間術》

think

046

不做無用的筆記

筆記的智慧在於盡量減少、再減少，
並始終保持這種心態去做筆記。

《知的創造のヒント》

think

047

添加小標題

無論是課堂筆記還是摘要筆記，是否有適當的小標題，
會對之後的學習產生很大的影響。
不要只是隨意記錄，而是要整理出結構，
將各個部分分段，並為每個部分加上恰當的標題。
這樣不僅有助於之後的檢索，還能讓內容更容易進入腦海中。

《知的創造のヒント》

think

048

有標題與無標題

添加標題也是製作思維筆記（meta-note）的一部分。
能夠給出恰當標題的內容，表示其內容已經有了一定的發展。
相反，如果無法找到好的標題或摘要，
則說明該問題本身正在逐漸失去活力。

《知的創造のヒント》

think
049

不吝於重寫的功夫

不要害怕付出重寫的努力。
這是因為寫作可以幫助你一點一點地組織你的想法。
當你一遍又一遍地重寫東西時，
你自然會學會如何昇華你的思維。

《思考の整理学》

think

050

破壞風格

沒有風格，無法寫作，更無法思考。

然而，一旦形成了風格，就必須盡快打破它，

否則會很危險。

因為風格的自我中毒是精神上最可怕的老化原因。

《知的創造のヒント》

think

051

將知識視為「死去的事物」

從書本中獲得的知識是屬於過去式的。
當然，它們在現代仍有相當多的適用之處，
因此我們會在學校中學習這些知識。
然而，無論知識如何增多，這並不能幫助我們思考現在的事物。
人類並非只靠過去活著，因此僅靠過去式的知識顯然是不足的。
我們必須擁有思考當下的能力和判斷力，
而這些無法從死去的知識中產生。

《元気の源 五体の散歩》

think

052

選擇拋棄的知識

有些人讀了很多書，知道了許多事情，但僅僅止於此。
這樣的人之所以會如此，是因為他們不願付出努力，
去區分哪些是真正有趣的知識，哪些只是暫時的興趣。
我們應該不斷檢視現有的知識，
謹慎地逐步淘汰那些臨時性的東西。
最終，當剩下的只有那些不變的核心知識時，
這些知識本身將成為一股力量。

《思考の整理学》

think

053

與具有強大影響力的事物保持距離

經常有書中提到某人承認受到了某些事物的影響。
這種說法其實委婉地表達了他們只是在模仿，充當「二把手」。
如果受某事物的影響大到無法產生自己的想法，這是很不幸的。
如果想要獲得創意，
或許最好的做法就是避免接觸那些具決定性支配力的事物。

《アイディアのレッスン》

think

054

了解分析的本質

分析可以說是一種破壞。
對於創造事物幾乎沒有任何幫助。
孩子能夠把玩具拆解、破壞，但卻無法將其復原。
雖然分析是為了追求純粹真理的一種有效方法，
這一點無庸置疑，但同時也必須更加清楚地認識到，
分析會對原本的事物造成破壞。

《大人の思想》

think

055

創造性的遺忘

透過清理頭腦並讓其高效運作，遺忘能夠做到的事比記憶更多。
知識可以使人變得聰明。
但遺忘，則能激發知識無法達成的思考能力。
在這一點上，遺忘比知識更具力量。
對於以往被視為不好的遺忘，
這種創造性的遺忘可以稱為「新遺忘」。
今後，這種新遺忘將會越來越具備強大的力量。

《乱読のセレンディピティ》

think
056

先遺忘後記憶

如果學習之後再休息，這順序就反了。
應該先休息，讓大腦清理乾淨，
並處於飢餓狀態，然後再進行學習。
雖然世上沒有「美味的學習」，但當你感到飢餓時，
再無味的事物也不會那麼難以接受。
透過「從遺忘到記憶，從遺忘到記憶」的循環，
我們大腦的能力將會大大提升。

《忘却の整理学》

think

057

一次穿多雙草鞋

同時進行多件事的話，難免會斷斷續續進行。而這正好是大腦所喜歡的節奏，遺忘的過程會隨著忙碌而加速。越忙碌的人，大腦運作得越好。

專心只做一件事並非最佳選擇，內心其實在告訴我們：「多穿幾雙草鞋」。

（編註：日本諺語「二足の草鞋を履く（穿兩雙草鞋）」有身兼數職之意。）

《忘却の整理学》

think

058

雜比單一更豐富

不僅是學者，專注於某一領域的人，
從旁觀者的角度看，總是顯得有些古怪。
這就是所謂的「演員傻子」或者「被稱為老師的傻子」。
過於純粹其實並不理想，反而在稍微不純的地方更有人情味。
能同時容納善惡的人才能成長為偉大的人物。
腳踏兩條船並不代表不純，偶爾走岔路反而能讓人生更加豐富。
我們被教導純粹是好的，雜亂是不好的，
但事實上，雜比單一更豐富。

《エスカレーター人間》

think

059

從雜學的研究中了解外面的世界

年輕時，每當我迷失了學習方向的時候，
曾與其他不同專業的同輩組織了雜談會。
當然，這些討論並沒有立刻產生明顯的結果，
但讓學習變得更有趣了。
我隱約感覺到在小專業之外，有一個更大的知識世界，
這也讓我開始能夠思考一些不依賴於模仿他人的想法。
雖然我沒有勇氣放棄自己的專業，
但我發現雜學的研究仍然有許多未開發的領域可以探索。

《大人の思想》

think

060

擁有旅人的視角

旅行對於獨創性的思考有幫助，這是各位學者普遍認同的事實，證明了脫離日常能夠促進創造力的發揮。

俗話說：「住久了就成為心中的家。」

人們在一個地方住得久了，就會對它產生情感。

然而，作為知識的環境來說，

「住久了就成為心中的家」卻是最不理想的狀態。

當你用旅人的角度，可能會看到許多有趣的事物，

但長住之後，這些事物便不容易被發現。

《ものの見方、考え方》

4 章

打磨智慧的生活

life

061

流汗，用身體思考

沒有日常生活的改造，就不可能有真正的知性生活。
一切的根源都在於每一天的生活方式。
要流汗，用身體來思考。
對於純粹觀念性的知性生活，需要進行反思。

《大人の思想》

life

062

編輯日常生活

隨隨便便過一天，就像是沒有編輯的同人雜誌一樣。
這樣的生活不可能有趣，也不可能對社會有幫助。
自己當個編輯，製作一個時間表。
早上該做些什麼、處理什麼……
休息一下後再撰寫報告，之後與誰見面……
如此安排一天的計劃。
這就是「編輯」一天的生活。
即便不完全按照計劃執行，也能完成相當多的工作。

《知的生活習慣》

life

063

培養思想的根基

新年開始寫新的日記，這種感覺特別不一樣。
我已經持續寫了幾十年，日記是夜間的習慣。
我認為必須每天都有計劃和安排，
單靠日記是不夠的，就像沒有預算的結算。
因此，我開始為每天製定日程和計劃。
早晨是思想的根基所在。

《失敗の効用》

life

064

制定計劃表

別人交付的工作，看似困難，實際上往往並不那麼難。
只要開始去做，大部分事情都能完成。
與此相比，自己選擇的工作既沒有截止日期，也不會被催促，
通常也不會馬上帶來明確的收益。
思考這類工作，將其納入計劃並完成，
這才稱得上是人生的使命。
比起單純寫日記，制定計劃表更有助於完成遠程計畫。

《自分の頭で考える》

life

065

善用快速動眼期睡眠

最好等到隔天早晨再寫日記。

睡了一晚後，頭腦會自行整理。

快速動眼期是一種在睡眠中發生的狀態，

這段期間大腦會將白天獲取的各種資訊和刺激進行分類。

它會將需要保存的部分和應該處理掉的部分區分開來，

並將不重要的部分遺忘。

由於快速動眼期睡眠會在一夜中多次發生，

因此大腦整理的過程相當仔細。

當早晨醒來時，感覺頭腦清晰是很自然的現象。

《「マイナス」のプラス》

life

066

將日記當作外接硬碟來使用

即使是想忘記但怎麼也忘不了的事，
寫下來後，往往意外地就能輕鬆忘掉。
因為當你知道已經把事情記錄下來了，便能安心地放下、忘記。
寫日記的主要動機是想記錄某些事情，
但實際上，透過寫日記，往往能安心地忘掉一些事情。

《50代から始める知的生活術》

life

067

理解時間的特性

對於需要動腦工作的人來說，早晨是黃金時間。
然而，一旦吃了飯，時間立刻變成鐵的時間。
午餐前是銀的時間，餐後則是鉛的時間。
不過，到了傍晚肚子餓的時候，銀的時間會再次出現。
晚餐後，經過鉛的時間，到了晚上十點之後，便是石頭的時間。
如果到了這種時間還在動腦，變成石頭腦袋也不奇怪。

《ちょっとした勉強のコツ》

life

068

在半夢半醒中思考

我喜歡即使早早醒來也繼續躺在床上，享受隨意幻想的樂趣。

各種想法在腦中飛舞，十分有趣。

偶爾還會冒出一些好點子。

如果心想「等一下再記下來吧」，那麼這些想法就會永久消失。

所以我在枕邊放著草稿紙和麥克筆，將大致的想法記下來。

有時絕妙的想法會同時冒出兩三個，甚至因此忘了時間。

《自分の頭で考える》

life

069

善用早餐前的時間

早上的頭腦比晚上的頭腦要優秀得多。
假如晚上做了很久都進展不順的工作，
就早晨再挑戰一次吧。
早晨再挑戰一次，結果呢？
昨晚無法解決的問題竟然輕鬆地解決了。
昨晚的困境宛如一場夢。
早晨的工作才是自然的，早餐前的工作才是正途，
而晚上開燈工作的情況則是違逆自然的行為。

《思考の整理学》

life

070

引入早午餐

早餐前的時間，除非早起，不然能利用的時間非常有限。
為了延長這段時間，
我曾經考慮並實行過將早餐延後，與午餐合併一起吃。
這樣一來，整個上午都相當於是在早餐前。
雖然醫生常說為了健康應該吃早餐，
但為了更好地運用頭腦，將早餐與午餐合併是一個好主意。

《ちょっとした勉強のコツ》

life

071

養成走路的習慣

要進行新的思考，不能總是坐在書桌前。
走出戶外，隨意漫步時，新的想法會浮現。
雖然不是每次都這樣，但相比於做其他事情時，
靈感會更頻繁地冒出來。
出門散步時，記得攜帶筆記紙和筆或鉛筆。

《乱読のセレンディピティ》

life

072

驅散思考的迷霧

「散步」這個詞讓人聯想到隨意悠閒的散步，
但這樣的話很難達到淨化心靈的效果。
應該要走得快一點。
剛開始，頭腦可能還不夠清晰，但持續走二十到三十分鐘後，
原本籠罩在腦中的混沌會彷彿霧氣散開般，逐漸消失。
隨著這過程，近期的記憶開始淡去，過去的事物逐漸浮現。
再進一步，這些事物也變得不再重要，
頭腦進入一種空無一物的狀態。
散步的最高境界，就是達到這種「心理上的空白」。

《知的創造のヒント》

life

073

敢於追求非效率

在歐洲，自古以來有無數的例子證明，
人們在散步時想出了偉大的想法。
許多哲學家都將散步當作日常生活的一部分。
據說阿基米德是在沐浴時獲得了偉大的發現靈感，
泡在熱水中時，血液循環變好，也更容易浮現好主意。
由此可見，知識性活動在不便的情況下，反而能提高效率。
當我們在做其他事情或遇到些許干擾時，
頭腦的運作似乎會變得更加活躍。

《ちょっとした勉強のコツ》

life

074

動手做料理

幾年前，我的妻子因身體不便無法行動，
我便自然而然地開始做飯。
做飯這件事，實際操作起來相當有趣。
每天做飯時，總能有一些小發現，
我認為這是一種創造。
若有人吃了之後讚美，則更是無上的滿足。
動手做菜是一種運動，除了有益健康，
我覺得這也能促進頭腦的運作，也許比散步更有效。

《失敗の効用》

life

075

將持有的時間翻倍的方法

我通常會在午餐後直接躺下小睡一下，
大約一個半小時後會醒來。
有時候會恍惚間誤以為已經睡過了頭，天已經這麼亮了。
這種錯覺讓我開始把午睡後視為第二個「早晨」，
就像新的一天又開始了。
如此一來，一天就變成兩天，一年就等於兩年。
若活了十年，便如同活了二十年。
午睡的妙處就在於此。

《人生を愉しむ知的時間術》

life

076

承認午睡的功效

吃完飯後小睡一會兒，不僅有助於消化，
還能極大地促進大腦清理和忘卻。
即便只是短暫的小睡，醒來時通常會感到神清氣爽、頭腦清晰。
將打盹視為眼中釘是錯誤的，這讓我重新思考午睡的益處。
像是習慣於午睡文化的社會，
當初應該也是因為意識到這種午睡的效用而發展出來的。

《忘却の整理学》

life

077

善用「微醺」的功效

我們應重新認識到酒精具有出色的效果。
人們常說，工作結束後的酒特別好喝，
這是因為它洗滌精神，激發出對新工作的意志。
所謂「酒為百藥之長」，
酒之所以被珍視，或許正是因為其能讓身心煥然一新的作用。
微醺的狀態，其實是在幫助我們將內心積累的不良情緒排出。

《知的創造のヒント》

life

078

利用圖書館

圖書館非常適合寫作，因為完全沒有干擾。
只需十分鐘，就能忘記身邊有人而全心投入工作。
我自己也不知道有多少書是在圖書館寫成的。
寫作時有不明白的地方，走十步就能到書架查閱，
辭典類等等可以參考的書籍非常齊全。
對我來說，圖書館並非只是借書閱讀的地方，
主要是作為替代書房來使用，
甚至比家裡的書房更有效率。

《知的生活習慣》

life

079

頭腦中的備忘錄

透過文字做備忘錄，容易讓人放心的遺忘，最終徹底消失。但記在腦中的話，隨著時間推移，即使記憶可能淡化或改變，真正有興趣的部分反而會越來越突出，甚至變得更為深刻。

《知的創造のヒント》

life

080

瑣碎之事更需做備忘錄

因為覺得是瑣碎的事而不去記下，
反而會在心中累積成疙瘩，阻礙自由的思考。
後來我體會到，
正因為是瑣碎之事，更應該記下來，
以便讓自己徹底忘掉。

《人生を愉しむ知的時間術》

life

081

一點一點的持續

勤奮的人害怕懈怠，認為自己必須不間斷地工作。
然而，真正有效的持續是間歇的持續，
而不是線性的不斷持續。
正如同在同一片地上反覆種植同樣的作物，
會因連作障礙而導致收成遞減，需要休耕並輪作其他作物。
對於人而言也是一樣，
無休止的連續工作往往會走向無成果。
間歇性的持續反而能帶來更大的力量，達成更好的效果。

《失敗の効用》

life

082

讓自己進入時間饑渴的狀態

時間最好是稍微緊迫些。
以與時間競賽的方式來完成工作和學習，
在緊張與集中之下，往往會產生出色的成果。
保持一種時間不夠的感覺，這種時間饑渴的狀態是必要的。
為此，不要花過多的時間去做事。
即便是學習，也不要認為時間越多越好。
相反地，應該果斷地減少時間，
這樣反而能夠進行更充實的學習。

《ちょっとした勉強のコツ》

life

083

切換思考

當A離開後，迅速地清理腦中的黑板，準備迎接B。
B的事情處理完畢後，再度換個心情去見C。
能夠這樣做到「隨處為主」的人，
便是真正能掌控各個情境的人。
快速且乾淨地切換思維是現代人不可或缺的訓練。
只要具備這項能力，就能同時處理再多的事情也不會感到混亂。

《人生を愉しむ知的時間術》

life

084

擁有空閒時間

只有忙碌的人，才能真正擁有空閒時間。
閒散的人反而無法感受到空閒。

《人生を愉しむ知的時間術》

life

085

立即著手

據說寺田寅彥在接到稿件請求時，會立刻將大概的內容寫下。
當你接下任務並立即開始時，心情會變得輕鬆。
反正還有時間，不必著急，可以慢慢來。
這樣反而能更快地完成。

《人生を愉しむ知的時間術》

life

086

擁有空白的時間

善用自由時間並不是安排滿滿的高爾夫或麻將行程，
而是首先要有不做任何事、放空的時間，
創造充實的「無為時光」。
這件事看似簡單，但做起來意外地困難。
大多數人害怕空白的時間，
若非個性極其堅強，通常很難忍受什麼都不做的狀態。
閱讀固然不錯，但不閱讀也是一種非常重要的學習。
每週一次，離開家人，享受獨處的時光，也會很有益處。

《ライフワークの思想》

life

087

在思考中加入休止符

所謂思維的切換，
需要一點點的空白時間，這樣切換才會順暢。
馬上進入下一件事並不是好事。
當什麼都不做時，其實內心正在進行著重大的活動。

《人生を愉しむ知的時間術》

life

088

忙碌時更要玩耍

精神有時也需要透過玩樂來得到解脫。
不是因為閒暇才玩耍，
而是當事情繁多、心中掛念甚多的時候，
玩樂才更顯得必要。

《知的創造のヒント》

life

089

自然的篩選

如果想把所有的工作都完成，就算轉世七次也趕不上。
選擇工作也是一件麻煩的事。
讓自然來篩選是最聰明的做法。
隨它去遺忘，最後只去處理那些未曾遺忘的事。

《人生を愉しむ知的時間術》

life

090

積極地遺忘

若能積極地遺忘，心靈就能始終保有迎接新事物的空間。
因為不被束縛於同一個地方，也不受固定的影響，
所以能夠保持自由，並進行變化。
若要專注於某一件事，
甚至說，若要能夠專注於一件事，
就必須讓其他事物儘可能不干擾自己，並暫時遺忘它們。
這就是忘我、無我入迷的狀態。
唯有在這種狀態下，我們才能真正地透過深層自我的發動，
進行精神層面的活動。

《ライフワークの思想》

life

091

消除執著

即使擁有天生的聰明才智，如果對於小事斤斤計較，讓心中的視野受到遮蔽，也難以展現智慧。

即便有讓人心煩的事情，暫且放下，悠然地思考其他事物。或者，專注於其他事情，以抵消那些不愉快的感受。只有當人擁有這種自由時，才能夠過上真正的人生。

《知的創造のヒント》

life

092

脫離理論，隨混沌而行

一心不亂可能是合乎邏輯的，但卻無法產生新的事物。不亂則貧乏。

在混沌、雜亂與失敗之中，似乎潛藏著新的事物與有趣的想法。

正直且認真的人們，因為過於追求正確，容易陷入貧瘠的境地。

《乱談のセレンディピティ》

life

093

不要成為專家

專業主義的缺點在於，容易陷入困境。
更糟的是，缺乏邁向新領域的力量。
簡而言之，就是缺乏趣味。
如果三十年都專注於小問題，人會變得奇怪。
無法期待充滿活力的知識活動。

《乱談のセレンディピティ》

life

094

利用頭以外的部位

用言語思考是一種技術性。
根本上必須要用身體來思考。
只用頭腦而不動身體，這種想法可能是一種迷信。
隨意聊天等活動也使用了嘴巴這個身體的部分。
和無所顧忌的朋友們聊天，忘記時間，
沉浸於世外桃源的對話中，這或許是人生中最大的樂趣之一，
並且這樣的交流能促進頭部的血液循環。
在這樣的清閒活動之後，意外地工作效率會提高。

《ライフワークの思想》

life

095

透過記憶單詞變得年輕

有一種方法可以讓人長壽且保持年輕，就是透過語言。
最簡單的方法是每天記住一點新的單詞。
不論是英語、法語、韓語還是馬來語，都可以。
不要著急，慢慢來學習。
與孩子相比，我們記憶的能力差得多，
這正是心靈老化的證據。
認真學習的過程中，漸漸會接近「童心」。
因為如果沒有童心，就無法記住單詞。童心帶來年輕。

《ライフワークの思想》

life

096

調整姿勢

要讓頭腦靈活運作，姿勢非常重要。
最合理的姿勢是站著，因此最好保持站立，而不是坐著。
不論是坐下還是以日本式的方式坐著，
都應該注意保持背部挺直，保持良好的姿勢。
在教室裡，正確坐姿上課的學生通常成績較好。
這是因為這樣的姿勢能更容易讓學習內容進入腦中。

《ちょっとした勉強のコツ》

life

097

以「笑聲」來提升智力

笑聲同樣具有提升智力的安慰劑效果。
心情不佳是不可取的，更何況是哭泣，這就更不應該了。
應該要笑。
笑聲是智慧的象徵，經常大笑則是頭腦靈活的證明。
只要能讓人笑，就能提升智力。
即使從生理學的角度來看，未必如此，
但從心理學和人性的角度來說，確實如此。

《ちょっとした勉強のコツ》

life

098

創造出家的轉折點

古人通過出家的形式創造了自己的轉折點。
他們捨棄妻子、捨棄工作，
剃髮入佛門，這不僅是如何生活的思考轉變為如何死亡的思考。
歷史上這樣的人完成了他們的工作，並留下了這些給後代。
對於當今的上班族來說，退休是否就是他們的轉折點呢？
是否有些遲了呢？
果然，有必要通過自己的決心來創造出家的轉折點。
不僅如此，還應該在日常生活中保持小規模的出家心境。

《ライフワークの思想》

life

099

讓人生變得二元化

如果能夠果斷地將一生分為兩個階段，
前段和後段，過上兩種人生，
那麼生命工作的總量應該會比之前多得多。
假設從二十歲工作到八十歲，
前半段的三十年和後半段的三十年最好是獨立的。
這就是人生二元化的主義。
雖然兩種工作可以相互連結，
但如果彼此完全不同，反而會更有趣。

《失敗の効用》

life

100

意識到頭腦是身體的一部分

我們可能真的已經停止了真正的生活，
只是在言語上生活，吵吵鬧鬧地談論生活。
甚至忘記了頭腦是身體的一部分，於是產生了「智力熱潮」。
而與此完全無關的地方，卻又出現了「運動熱潮」。
沒有日常生活的改造，就不可能有智力生活。
每一天的生活方式都是所有文化的根源。

《ライフワークの思想》

life

101

捨棄餘生

所謂「餘生」，在我們的人生馬拉松中，是不應該存在的。
考慮隱居的人生缺乏了圍棋或象棋中的「終盤堅持」。
當比賽的勝負大致已經明朗時，卻早早放棄比賽，
似乎在某種程度上對人生達到了透澈的理解，
這種情緒似乎被形容為「果斷」。
然而，我們絕不能在最後的最後放棄這場比賽或勝負。

《ライフワークの思想》

5 章

與思考相連的閱讀

read

read
102

拒絕愛讀書的假象

讀書，固然很棒，但必須與生活的力量相結合。
失去創造新文化志向的教養是貧瘠的。
為了更好地生活，為了培養創造新事物的能力而讀書。
學習有用的知識，也要自我警惕，
避免讓自己變得不分青紅皂白。
對作者和作品應該有適當的敬意，但要避免陷入盲目的崇拜。
模仿他人做類似的事情並不是一件美好的事情。
隨意製造愛讀書的假象，並因此自得其樂是精神上的脆弱。

《乱読のセレンディピティ》

read

103

書籍要購買並閱讀

選擇書籍出乎意料地具有重要意義。
從他人那裡獲得的書籍不合適，
是因為無法做出選擇，而閱讀圖書館的書籍則覺得無趣，
也因為在某種程度上存在依賴他人的心態。
在海量的書籍中，尋求什麼而閱讀？
這個決定將成為一項艱鉅的知識活動。

《乱読のセレンディピティ》

read

104

捨棄書籍的價值

借來的書籍則不在此列，

但如果是自己的書籍，在閱讀時用鉛筆做些標記是很好的。

或者，可以準備紅色、藍色、黃色等的簽字筆，

將與自己想法一致的部分用藍色標記，與自己觀點相反的地方用紅線劃出，提供新知識的部分用黃色標示，這樣一來，就可以一目了然地了解該部分的性質，非常方便。

不過這種方法僅適用於，

你決定犧牲書籍作為書本的價值時才能實施。

《思考の整理学》

read

105

讀完便捨棄

書本可以隨意閱讀，不必執著。執著於書本並不算是知性之舉。
做筆記的價值也沒有大家想像中那麼高。
讀完一本書後，就隨它而去，讓記憶自然消逝。
想要記錄重要的內容，其實是貪心的表現。
那些無法深刻留存在心中的內容，即使記錄下來也毫無用處。

《乱読のセレンディピティ》

read

106

敢於中斷閱讀

當我們讀書時，興致高漲之處如山峰，低落之處如山谷。
閱讀的技巧在於，不要在興致低落時停止，
而是在興致正高或即將高漲之時稍作停頓。
當覺得「接下來應該會很有趣」，
甚至想要再多讀一點的時候，選擇刻意停下來。
這樣可以讓自己更容易在之後再次打開書本。
相反地，若在興致低迷時中斷，因為書的吸引力減弱，很容易被其他事情分心，進而忘記回到書中，最終可能會變成永遠放下它。

《知的創造のヒント》

read

107

放下不喜歡的書

根據自己的判斷來選書、用自己的錢購書，這並不依賴他人的意見。

購買後，往往會有一種必須閱讀的義務感，但如果開始讀後覺得這本書不合心意，那就果斷地中途放棄，毫不拖泥帶水。這或許看似粗暴，但勉強讀完不喜歡的書，所得甚少。

如果為了對書有交代而強行讀完，雖然可能會成為博學之人，但卻會逐漸削弱自身的知性個性。

《乱読のセレンディピティ》

read

108

如散步般地閱讀

閱讀書籍是獲取知識的最佳途徑，但能提升思考力的書卻不多。
培養思考能力的，反而是散步這樣的行為。
如果能像散步般地去閱讀，也許就能發現意料之外的事物。
這是一種隨意閱讀的方式。
透過隨意閱讀，往往能激發出有趣的點子。

《乱読のセレンディピティ》

read

109

隨意閱讀

為了培養具有創造力和發現能力的思維，隨意的閱讀很有幫助。
隨手拿到什麼書就讀什麼。
讀不懂的部分就跳過，而遇到有趣的地方則細細品味。
採取這樣隨心所欲的閱讀方式，往往能帶來意想不到的發現。

《乱談のセレンディピティ》

read

110

如微風般閱讀

過於急促的閱讀不好，
但如果太慢，則難以領會書中生動的意義。
唯有如微風般清爽地閱讀，書本才會揭示出其中有趣的含義。
閱讀時最好如微風輕拂般自在隨意。

《乱読のセレンディピティ》

read

111

抗拒書本的引力

當隨意地讀書時，創造性會達到最高峰。
然而，優秀的書籍往往會拒絕這種隨性的閱讀方式，
具有強烈的引力吸引你深入閱讀。
為了抗拒這股引力，最好的方法就是在中途暫停閱讀。
即使無法停止，也要盡量保留「偏離正軌」的空間，
隨時確認自己的想法。
否則，閱讀越多，反而會越迷失自己的觀點。

《知的創造のヒント》

read

112

善用閱讀後的餘韻

當你讀書讀到稍有飽和感，或者感到疲憊時，應該休息一下。
不要馬上接觸別的書，而是放空自己。
待頭腦清新後，不必回到書中，轉而思考一些事情。
此時的思考會帶著些許閱讀的餘韻，
適度地激發出與平時不同的想法。

《忘却の整理学》

read

113

有趣的書要在中途闔上

如果你重視自己的思考，就要有勇氣果斷地闔上書本。
不包含小說類的書籍，
但評論類的書籍，更應該闔上書本後，
讓自己的頭腦去消化。

《50代から始める知的生活術》

read

114

不要過度受影響

知性的文章讀到最後，往往會受其影響，

這樣反而變得無趣。

書本只是提供一個契機，讓我們起步，

這樣就已經發揮了很好的作用。

《知的創造のヒント》

read

115

找到可以反覆閱讀的書

能反覆閱讀的書，總是有某些有趣之處。
而最大的樂趣在於，從中發揮自己的見解。
對於不懂的部分，用自己的理解和詮釋來補充，
這是一種自我表達。
如果是一本內容已理解透澈的書，
無法讓讀者加入自己的詮釋，
這樣的書就顯得無趣了。

《乱読のセレンディピティ》

read

116

不以讀過的書本數量為榮

當遇到一本認為值得的書時，不應滿足於只讀一次。
等到過一段時間，隨著記憶的風逐漸淡忘，再次閱讀。
如果在重讀時仍有新的體會，那麼這本書才是真正的好書。
反覆讀了幾次，並且每次都能有新發現與感動的書，
才可稱為「我的人生之書」。
擁有三本這樣的書，就可以算是優秀的讀書人了。
讀過的書多，並不值得驕傲。
應該細細品味那些能滋養心靈的書。
任何削弱思考力的閱讀，都是有害的。

《失敗の効用》

read

117

尋找能成為經典的書

如果一本書經過數百次閱讀後，
隨著時間消逝的部分多於可被歸納的部分，
這本書便逐漸變得無趣，難以再反覆閱讀。
能夠經得起反覆閱讀的書，
是那些會隨著閱讀深入而不斷展現優點的書。
換句話說，這樣的書會在讀者的心中成為經典。

《「読み」の整理学》

read

118

不讓書籍奪走自己的思考

將他人的想法當作自己思考的成果來回憶是危險的。
因這樣而毀掉自己的學者、研究者，
特別在人文學科領域中，多得無法計數。
因此，書不能讀得太多。
會妨礙思考的知識，反而不如不要擁有。

《アイディアのレッスン》

read
119

成為標題讀者

在有限的時間內閱讀報紙，成為標題讀者是不二法門。
僅讀標題的話，一頁只需不到一分鐘。
如果發現有感興趣的內容，可以再閱讀前導部分。
若前導部分引人入勝，則可以一路讀到結尾。
若能找到兩三篇這樣有趣的文章，真是喜出望外。
透過標題推測文章內容，這是一種頗具挑戰的知性活動，
並且對活化大腦的效果也不容小覷。

《乱読のセレンディピティ》

read

120

不要成為新聞的支持者

如果想讓報紙多少對頭腦的散步有所幫助，
那麼至少應該選擇兩份立場截然不同的報紙，才是明智之舉。
若是腳步的散步，
即使長時間走在同一條路線上，也不至於被這條路線影響。
然而，眼睛和頭腦的散步若只依賴一份報紙，
就容易失去獨立思考，甚至變成報紙的支持者，
忘了自行判斷的重要。

《元気の源 五体の散歩》

read

121

掌握適合中年的讀書方式

無論是小說還是評論，
進入中年後再去追求新的感動和刺激，往往不會太成功。
與其如此，不如重新細讀那些，
曾經為自己帶來深刻知識體驗的書籍。
以我的經驗來說，只要有兩三本讓人反覆想讀的書就足夠了。
偶爾打開這些書細讀，
想停就停下來，讓自己的思想徜徉其中。
隔一段時間再重讀，讓心中激起新的感受。

《50代から始める知的生活術》

6 章

豐富創意的「聊天」

chat

chat

122

透過「聊天」變得更有智慧

想了解過去的事情，讀書無疑是最有效的方式。
然而，讀書容易讓人的思維偏向於過去。
讀得越多，就越容易用他人的觀點來看待事物。
不去考慮多餘的事，只是聊些脫離現實的話題時，
會獲得與讀書完全不同的智力刺激。
人類本來就有這樣的特性。
正是通過這樣的「聊天」，
人們變得更有智慧，並開拓了未知的領域。

《乱談のセレンディピティ》

chat

123

不輕視談論

隨意的談話能帶來「有趣」，擁有發現「有趣事物」的力量。

無論讀了多少大眾認為的好書，

都不及和信任的夥伴毫無保留地暢談來得愉快。

讀書與談笑是截然不同的世界，

自古以來，人們重視讀書，卻輕視談論，這是一種錯誤。

令人遺憾的是，把談話與八卦混為一談的誤解一直流傳至今。

《乱談のセレンディピティ》

chat

124

知性體現在「口語」中

以為說話比閱讀容易，這是教育創造出來的迷信。並不是什麼都可以說，但比起寫成文字，說話能傳達更多更深層的內容。

當然，其中有很多無意義的「閒聊」，但要理解真正的心意其實體現在聲音的語言中，而非文字，這需要超越所謂教養的知性。

《乱談のセレンディピティ》

chat

125

喚起躍動的思考

如果一群彼此志氣相投且不太有淵源的人聚在一起，談論一些與現實脫節的話題，這會產生生動而躍動的思考，讓人感到愉快。

話題自然而然地就從一開始就偏離了，這種偏離會引發更多的偏離，最終展開到完全出乎意料的方向。

在談話中一旦進入狀況，可能會冒出讓自己都驚訝的想法。

聲音確實具備思考的力量。我們不僅僅用頭腦思考，而是要一邊說話，一邊讓聲音也參與到思考中。

《思考の整理学》

chat
126

立體的溝通意識

一個人是行不通的，兩個人也不夠。
當有三個人時，智慧便會湧現。
一個人的想法，可以說是點。
兩個人的討論能形成線和面，但仍然是平面的，無法避免。
當三個人聚在一起時，就能進行立體的溝通，
並且能夠捕捉到點思考和平面思考所無法及的複雜和豐富。

《乱談のセレンディピティ》

chat

127

遠離世俗

當提到人的名字時，容易變成八卦或背後說人壞話。

因此，儘量不要提到他人的名字。

應該盡可能地討論那些無關現實生活、面向未來的事物，

讓大家一起享受這樣的討論。

這樣一來，每個人的思維會變得更加清晰明確——

在這樣的假設下，無所顧忌地表達自己所有的想法。

我認為，沒有比這更有趣的事了。

《知的生活習慣》

chat

128

異文化的融入

與從事不同事物的人進行的談笑是豐富創意的溫床。

當我覺得在場的其他人，對我正在做的事情並不了解時，會產生奇妙的自信。

在自己的領域裡，我有「山中大王」的心態，心情愉快。

狀況好的時候，甚至會說出一些自己並未深思熟慮的話。

這當中，還會有一些令自己驚訝的想法。

這是非常具創造性的，最重要的是非常有趣。

《アイディアのレッスン》

chat

129

避免批判性的議論

通常和同學們在一起時，談話往往會變得很小。
雖然有些微妙的趣味，但卻與令人驚訝的發現無緣。
人們會不由自主地變得防衛性，容易採取批判的態度。
創造的能量一開始就不多，隨著討論的進行，變得愈加微弱。
看起來，在彼此都是門外漢的亂談中，創造性反而會更強。

《乱談のセレンディピティ》

chat

130

把握亂談中的徵兆

在亂談中，自己之前從未考慮過的想法，經常會冒出來。
我自己也會覺得非常「有趣」。
這是只有在亂談中才能體驗到的「有趣」。
我們必須珍惜這份「有趣」。
儘管它往往會被當作一時的事情而忘卻，
但在生活中，這可能是最有價值的思考。
這種有趣本身並不是發現，而是發現的前兆。

《乱談のセレンディピティ》

chat

131

創造笑聲的場合

如果能夠成功地創造出亂談的場景，
我們就能夠在別人的激勵下，無限接近發現的契機。
創造性亂談的成效，取決於現場的笑聲。
知性的笑聲就像是小發現的前兆，非常珍貴。
專家的研究發表即使想笑也無法笑出來。
而氣氛輕鬆的小團體談笑，有時則會成為發現的前奏。
笑聲就像是知識爆發的證據，絕對不是不認真的表現。

《乱談のセレンディピティ》

chat 132

讓擅長傾聽和讚美的人成為盟友

雖然被稱讚為擅長傾聽的人不多，但確實存在這樣的人。對於這樣的人，我們會抱有奇妙的親切感和信任感。這些人有時也會不經意間說出一些平時不會想到的事情。讚美別人的人則更是優秀的創意助產者。

思考小組中一定要包含這類成員，這樣才能發揮他們的作用。

《アイディアのレッスン》

chat

133

確保溝通的多元性

聊天需要兩個人來進行，但兩個人仍然不夠。
正如三人行，必有我師，三人比兩人更容易產生智慧。
然而，即使是三人也還不夠。
當五、六個人聚在一起聊天時，便能實現多元化的溝通，
這樣將有可能展現出人類智慧的巔峰。
即使收集再多的電腦，也無法讓它們進行聊天。

《乱読のセレンディピティ》

chat

134

故意慢慢說

英國人認為，如果大聲說話，智慧就會飛走。

因此，在戰後重建的國會大廈中，

他們故意將空間設計得較小，以免需要大聲吵鬧。

不僅僅是大聲說話，快速的語速也不好。

如果想表達很多內容，反而可以試著故意慢慢地說，

這樣往往能說出更多的東西。

《人生を愉しむ知的時間術》

chat

135

年長者的亂談

亂談的活力不僅僅是抵抗衰老。

認為它能促進年輕時缺乏的思維能力、讓人重返青春，這樣的想法已經過時。

若能妥善運用，高齡者可以發揮年輕時所沒有的智慧、精力和精神力，展現出不同於年輕時的活力生活。隨著這樣的高齡者增多，對於高齡化的恐懼也會減少。

《乱読のセレンディピティ》

7 章

創造未來的提示

creation

creation
136

培養傾聽能力

現代教育不僅在日本，其他國家也普遍重視閱讀與書寫能力的培養，而傾聽能力則往往被忽視。

在後發展的日本，這一現象尤為明顯，傾聽教育完全缺失。日本人不知不覺中形成了一種表達能力差、傾聽能力差的文化。重要的事情必須用書面、文件等形式來確認，否則無法接受。這樣的情況導致了無法估量的損失。

《エスカレーター人間》

creation

137

意識到文字的排列方式

將適合縱書、縱讀的詞語或文字強行橫向排列，
不可避免地會出現類似於將左撇子改為右撇子時所遭遇的障礙。
這一點應該引起所有閱讀文字的人的關注。
這也可以說是攸關日本文化未來的重要問題。

《ものの見方、考え方》

creation

138

想像被活字印刷所遺失的事物

現代人已經習慣於活字印刷，然而有時候應該回想，
所有表達方式中，
活字印刷大概是最容易使個人要素變得模糊的形式。
除非是極具文采的作者，
活字所呈現的個性化表達通常難以比擬語音所帶來的深刻韻味。

《ものの見方、考え方》

creation
139

看不見之物的價值

隨著電視支配生活，我們變得無法接受任何看不見的事物。

人們覺得無形之物既困難又無趣。

雜誌頁面也充滿了照片，文字變得具體、過於具體。

這一現象引發了閱讀的危機。

越來越多的人一開始就認為未知或抽象的事物無法理解。

《「読み」の整理学》

creation

140

新聞報導不用太過當真

說實話，能讓我感到讀了真有價值的新聞報導其實並不多。

除了新聞以外，評論文章也常常顯得過度自負，讓人不太愉快。

對此我感到不滿，

我想要的是更貼近讀者內心的、平易近人的聲音。

閱讀若只是為了接受責備，實在不是一件讓人開心的事。

《自分の頭で考える》

creation

141

把書桌調整高一點

為了保持良好姿勢，站著是最理想的，
但實際上，要站著學習並不容易。
如果是這樣，書桌的高度應該儘量提高。
未來的人體工學也應該致力於製作這樣合理的書桌。
現代社會主要是以坐著工作的形式運作，人們幾乎不再站立，
這是否也讓人們喪失了知識上的活力呢？

《ちょっとした勉強のコツ》

creation

142

把散步當作運動

各種運動不斷地職業化，也就是說，逐漸失去真正運動的本質。

在這種情況下，我希望將散步視為一種運動。

從古至今，哲學家把散步當作日常課題的例子不在少數。

雖然作為運動的散步並不是為了培養哲學家，

但藉此可以培養出公平競賽的心態、獨特的思維以及堅韌不拔的意志。

《自分の頭で考える》

creation

143

活動雙手

散步是對雙腳的鍛鍊，那麼我們也不能忽視手部的運動。
雖然說手的散步聽起來有些奇怪，
但讓雙手多活動應該是健康的選擇。
隨著便利生活工具的發展，雙手也逐漸缺乏運動。
現在比以往更需要手部的鍛鍊，特別是要多活動非慣用手。

《自分の頭で考える》

creation

144

重新找回與生俱來的可能性

剛出生的孩子最接近自然，具備人類能力的鮮活狀態。

然而學校教育未能考慮到這一點，反而強行灌輸知識，將記憶和模仿不合理地奉為珍貴，強迫孩子進行不自然的學習。

結果，多數孩子失去了他們原本具有的潛力。現代的文明與文化應更加頻繁地考量孩童初生時豐富的能力。

《「忘れる」力》

creation

145

從貧困中學習

以前，最大的教育力量來自於貧困。
貧困是人類的一大敵人。
從常識角度來看，貧困絕非令人感激之事，
但作為培育人類成長的經驗，它擁有無可取代的力量。
雖然是可怕的敵人，
從長遠來看，它卻成了能夠提升人類能力的盟友。
詛咒貧困是一種錯誤。
若能將它當作好對手來挑戰，
我們便能獲得意想不到的人類力量。

《「マイナス」のプラス》

creation
146

不過度依賴借來的智慧

不僅限於英國文學，

若是對於外國的知識一味視如珍寶，不免令人感到悲哀。

如果能夠用自己的頭腦去思考、理解外國，當然會不可避免地出現所謂的誤解，但若害怕這些，就無法期待原創性。

若不允許提出不同的見解，那便只是孩子的學習罷了。

要具備表達觀點的能力，必然需要獨特的思考方式，而這是無法單純依賴借來的知識得來的，我們必須有所覺悟。

《人生複線の思想》

creation

147

不要陷入對不存在的事物的渴求

常常會聽到人們說：

「外國的事物莫名有種吸引力，很有趣。」

然而事實上，正因為不太理解，才會被吸引並感到有趣。

這樣的理解中，存在著自私的解讀風險，以及對於不存在的事物的批判風險，這些危險也是相當大的。

《ものの見方、考え方》

creation

148

了解歷史的實體

歷史的實體是由過去所創造的東西，與過去本身是分開的。
歷史擁有極為龐大的訊息。然而，這些訊息無法直接再現。
我們只能挑選出其中極小的一部分，
但這一過程中必然伴隨著時間的變化和細節的遺失。
我們似乎對歷史抱有過度的信任，因此也可以說我們在某種程度上被歷史所背叛。
現在需要一種新的歷史觀。

《自分の頭で考える》

creation

149

成為能夠適應新時代的人

首先，作為個人，我們需要深刻思考如何才能不被電腦所吞沒。

眼下，我們只能去做電腦無法做到的事情，但在閱讀和寫作能力上，人類無法超越機器。

如果是這樣，那麼唯一能做的就是提升現在電腦無法做到的能力，特別是說話和聆聽的能力。

《エスカレーター人間》

creation

150

人類與機器的分工

人類的頭腦將來仍然需要擔任一部分倉庫的角色，
但這是不夠的，它必須成為創造新事物的工廠。
如果只是倉庫，那麼只需要確保不會遺失存放的物品，
但要創造出新東西，僅靠保存的能力是行不通的。
首先，倉庫裡如果隨便堆放太多物品，將會影響工作效率。
因此，整理是非常重要的。
負責整理這個工廠的就是「遺忘」。
我們應該讓電腦專注於倉庫的功能，
而讓人類的頭腦重點放在知識工廠上，這應該是未來的方向。

《思考の整理学》

出處一覽

《思考の整理学》ちくま文庫
《ライフワークの思想》ちくま文庫
《知的創造のヒント》ちくま文庫
《「読み」の整理学》ちくま文庫
《アイディアのレッスン》ちくま文庫
《人生を愉しむ知的時間術》ＰＨＰ文庫
《ものの見方、考え方》ＰＨＰ文庫
《ちょっとした勉強のコツ》ＰＨＰ文庫
《乱読のセレンディピティ》扶桑社文庫
《自分の頭で考える》中公文庫

《50代から始める知的生活術》だいわ文庫
《知的生活習慣》ちくま新書
《忘却の整理学》筑摩書房
《失敗の効用》みすず書房
《人生複線の思想》みすず書房
《「マイナス」のプラス》講談社
《大人の思想》新講社
《エスカレーター人間》芸術新聞社
《元気の源 五体の散歩》祥伝社
《乱談のセレンディピティ》扶桑社文庫
《「忘れる」力》潮出版社
※本書是將引用的文章經部分編輯、重組後編撰而成。

【作者簡介】

外山滋比古

1923年出生於愛知縣。東京文理科大學（今筑波大學）英文系畢業。御茶水女子大學名譽教授、文學博士、評論家、隨筆作家。曾任雜誌《英語青年》編輯、東京教育大學副教授、御茶水女子大學教授、昭和女子大學教授。在其專業的英國文學領域，以及思考、日語論等各領域不斷從事創造性工作，被稱之為「智慧巨人」。於2020年7月逝世。

主要著作有《思考整理學》、《亂讀術》、《五十歲豁然開朗》，以及《ものの見方、考え方》（PHP文庫）、《消えるコトバ・消えないコトバ》（PHP研究所）等。

精簡的智慧

打破冗長思維的150個啟發

出　　版／楓書坊文化出版社
地　　址／新北市板橋區信義路163巷3號10樓
郵政劃撥／19907596 楓書坊文化出版社
網　　址／www.maplebook.com.tw
電　　話／02-2957-6096
傳　　真／02-2957-6435
作　　者／外山滋比古
編輯協力／荒田真理子
翻　　譯／邱佳葳
責任編輯／陳亭安
內文排版／楊亞容
港澳經銷／泛華發行代理有限公司
定　　價／350元
初版日期／2025年3月

國家圖書館出版品預行編目資料

精簡的智慧：打破冗長思維的150個啟發 / 外山滋比古作；邱佳葳譯. -- 初版. -- 新北市：楓書坊文化出版社, 2025.3
面；　公分
ISBN 978-626-7548-59-2（平裝）
1. 箴言
192.8　　114000911